AF218428

ACTA EST FABULA

Jaime-Axel Ruiz Baudrihaye

# Acta est fabula

ONDINA
EDICIONES

COLECCIÓN **VERDEMAR**

DISEÑO Y MAQUETACIÓN: JESÚS S. GINER

ONDINA
EDICIONES

© DEL TEXTO: JAIME-AXEL RUIZ BAUDRIHAYE
© DE LA EDICIÓN: ENTER SERVICIOS INFORMÁTICOS
(SOC. COOP. MAD.)

ISBN: 978-84-127971-9-0
DEPÓSITO LEGAL: M-7610-2024

IMPRESO EN ESPAÑA
PRIMERA EDICIÓN: MARZO DE 2024

No se permite la reproducción total o parcial de este libro, ni su incorporación a un sistema informático, ni su transmisión en cualquier forma o cualquier medio, sea este electrónico, mecánico, por fotocopia, grabación u otros medios, sin el permiso previo y por escrito del editor.

# Índice

I

# ACTA EST FABULA

El camino ya está hecho,
blanquea el carril, cae la tarde.
Te guías por el sendero que conoces,
bajo los árboles ya oscuros,
hacia el arco que ha abrigado
tanto amigo, y a los hijos.

Es la entrada hacia esa casa
a la que vuelves sin saber por qué.
Hay otras más grandes, más bellas,
espaciosas y cuidadas en tierras
más propicias pero si buscas la soledad
aquí tendrás siempre el reposo,
vecinos, agua y caminos conformados.

Conoces las rutinas:
leña y piñas los inviernos,
agua y riego los veranos.
Nada nuevo, todo es igual,
hasta los árboles mudos e inmóviles
parecen inmutables.
Tú cambias y envejeces.

Conventual de vísperas y completas,
de maitines de alborada, tras los montes.
Ya nada hay que pedir, nula inquietud,
ya has dicho todo, no tienes nada
que probar ni demostrar,
el teorema ha sido fácil a la postre
aunque hace medio siglo que lo piensas.

¿Qué buscas más que ya no tengas?
Todo está dicho.

# EL HABLA ANTIGUA

Se fueron ya y echo de menos
no haber atendido a sus palabras
ni haber anotado sus sentencias.

Hablaban como antes de la radio
y la téuve, con frases que Cervantes
y Quevedo entenderían.
Sin pasar por escuelas ni manuales,
acertaban, con palabras como flechas,
en el blanco.

Distinguían animales y las hierbas,
las tierras blandas y jugosas
y los taludes de las huertas.

Conocían el nombre de cada flor,
de cada planta; ellos sabían sus misterios
y las curas que se preparaban,
con sus raíces, los hongos y los frutos

Nunca prestamos oído a los ancianos,
a los abuelos, que guardan en su lengua

los reflejos de antes de la imprenta
y los colegios.
.

# NIÑOS

Tantos años pasados engañándonos
con la presunta inocencia de los niños.
No es así.

Yo detestaba las viejas de negro,
besuconas, y no era crédulo,
como niño solitario.

Después, en esa morrena de la vida
que acumula los peñones grises
al fondo de los valles indiscernibles,
la resignación y desaliento van
venciendo el conocimiento, la distancia
y la inocencia.

# NO VOLVERÁN

Todos sabemos que no volverán
los buenos tiempos, la servidumbre
que atendía, las cervezas refrescadas
en el hielo que traían de la fábrica del pueblo,
las bandejas que pasaban incesantes
en medio de la fiesta bajo las parras la luz
de los carburos.
Era verano, la ciudad quedaba lejos.
En el pick up sonaban canciones pegadizas
de playas, piscinas y bikinis. Algunos autos
polvorientos  aparcados bajo los árboles.
Las antiguas herencias derrochadas,
discutidas, pleiteadas.
Recuerdos fantasiosos de montes
Requisados por el Patrimonio Forestal del Estado.
Conversaciones  sobre aceituna y capachos,
el crédito agrario y las sequías.

# PUERTO

Entro de nuevo al puerto,
al abrigo de faro y parapeto,
hasta que despeje la niebla
y el oscuro presagio de nocturna
tormenta, se desvanezca.

Desarmados mástiles y velas,
Esperando un sol que el frío expulsa.
Largos paseos mientras aguardo
que los días amanezcan con sentido.

Amanece la ciudad con rumor
de lluvia en las palmeras.
un camión recoge, bullicioso,
las basuras con brillantes farolillos
en las tinieblas.

Es la hora de los gatos matutinos,
del libro olvidado en el camarote
ya vacío. Gatos silenciosos que caminan
junto al muro de los predios
aún dormidos.

# PARÍS

*. Tan inmenso*
*era el frío en las ciudades*

Leopoldo María Panero

Errando por los huecos de calles muertas,
de postigos herméticos y vecinos escondidos,
aceras vacías, un *clochard* en el portal,
colorado y desgreñado.

Si no has vivido allí no te percatas
de locales abandonados, de automóviles
inmóviles por semanas, de viejas
antipáticas y hostiles,
de la joven bella y altiva
que a taconazos poderosos se deja
admirar sin mirar y de ese moro
que tras medio siglo aún no sabe
dónde está y no le quieren.

No te consuela ya esa ciudad ideal
dedicada a saquear turistas,
papanatas yanquis que soñaban
con los *Deux Magots* de sus lecturas

académicas en Indiana o Massachussets.
No te consuela seguir el paseo imaginario
de tu padre por Jourdan y Montsouris,
cuando París estaba aún avergonzada
de su ocupación y su desastre.

Pasaron los años del *quatorze juillet*
de farolillos tricolores y charangas,
de verdaderos poetas de frío y hambre.
Hoy es lujo, moda y lencería, baratos
puestos de *merguez* y de *kebab*.
Huyó el proletariado de Ménilmontant
a las *banlieues* y gendarmes acorazados
vigilan yihadistas y cierran librerías.

Los últimos puertos de abrigo
del *quinzième, tu est debout devant*
*le zinc d'un bar crapuleux, tu prends*
*un café à deux sous parmi les malheureux,*
*donde auvergnats* (\*) de bigotazos conversaban
desde el mostrador, hoy distinto
reciclado en plástico.

¿Qué hicieron de Mouffetard?
tiendas como peceras
para mostrarse, hoscas, caras,

vacías donde la antipatía ancestral
es decorada con múltiples bonjour, *Monsieur
bonjour, Madame, et désolés*.

*: versos de Apollinaire, *Zone*

# LISBOA

Calles sin tiendas, serenas,
de casas de color pastel
y apacibles ancianas con bastón.

No preguntas ni buscas, sólo caminas
tranquilo en el aire tibio
y limpio de la mañana.

Cuestas empinadas.
Un jardín abandonado tras unos muros
que desbordan de buganvilias, madreselvas;
en un cruce, una fuente de piedra
inservible, seca ya y polvorienta,
recuerdo de años prósperos.

De un viejo almacén dos mujeres
sacan trastos que arrumban
en la camioneta verde que los lleva a la feria.

Abajo, hacia la plaza ancha bajan los viejos
a tomar el sol de ese invierno

entre palomas y setos descuidados.
Nada turba el silencio de los recuerdos,
de guerras coloniales y de nietos que emigraron.
Al mediodía volverán despacio a sus pisos
sin ascensor, por escaleras sin luz
o a la esquina donde tomarán
la sopa de verduras, un panecillo,
y hablarán del vecino solitario
que vivió en África hace años.

# VIEJOS PERIÓDICOS

Leer el periódico de la mañana
para poder indignarse
bien temprano, tomar *Orfidal*
contra el insomnio.

Da igual la fecha, el año,
los ABC de hace cien años
hablaban de lo mismo que hoy:
de conflictos, sucesos, atropellos,
de soldados, batallas y naufragios,
de una obra de teatro o la ruta
de un viaje imaginado.
Había columnas de sabios escritores,
hoy olvidados.

Sólo los modelos, los muebles, cortinas
y automóviles eran distintos; pero siempre
cuatro patas, cuatro ruedas, cuatro cuentos.

# LA TARDE

La tarde se aproxima
y oscurece poco a poco
las encinas, los cerros
se destacan en un resplandor
de azul pálido y final.

Ahora, el silencio.

Pronto el  canto del cuclillo
entre los pinos, y los grillos
nocturnos estridularán
por pastos secos.

Las fieles estrellas milenarias
serán, una vez más,
los únicos testigos.

# LA LLUVIA TARDA

El sol duro, frío y bajo
del invierno nos deslumbra
por las calles heladoras
enfilando como un cañón sañudo;
deseas que llegue la tarde
y te libere del fulgor que marcan
los campos desolados del secano
mesetario, los pardos sembrados
y collados.

La lluvia, esperas, traerá alivio
a las planicies de casas y almacenes
abandonados, a ruinas de establos
y chiqueras, que lleve a las fuentes
secas un venero antes perdido
y ahora recobrado,
aunque ya no haya ni reses
ni pastores.

# LOS GATOS

Silenciosos, cautelosos,
exploran el patio ya vacío;
como los trasbordadores
al fondo, en la bahía,
se deslizan en la sombra.
Luces verdes en el puerto,
como sus ojos fijos,
que miran inescrutables.

Todo está oscuro y tranquilo.
Esperas siempre la certeza
de poder volver a ver esos gatos
cada noche.
Confortable puntualidad,
como la de esos barcos que atracan
despacio, lentos, siempre
en sus muelles prefijados.

Buscas la calma nocturna de los navíos
regulares que cruzan en la niebla,
y de gatos en los patios, como tú,
solitarios.

# EL ÁRBOL TERCO

El castaño de luz clara
que los pinos y carrascas
avasallan sin lograrlo,
pues se resiste y a duras penas
se mantiene y se yergue en la tierra
dura de La Loma.

Nos regala sus castañas pilongas
que recuerdan aquellas que en el Retiro
recogíamos de pequeños.

No hubiera querido ahí crecer este castaño,
importado de Madrid, de unos viveros,
pero a la postre, solitario, resignado
exhibe orgulloso su elegancia
en el ejido silencioso del cortijo.

# PAISAJE

*El paisaje agrario de la razón*

Josep Pla

La luna desfalleciente del otoño
resbala sobre las hojas
que pierden su color;
tarda la luz por las mañanas
y huye pronto a la tarde
tras los montes azules y los valles.
Los pájaros quietos esperan el día
que se acerca.

Las lluvias han dejado los campos
preparados para las siembras,
y los montes oscuros, para escarchas
y para heladas, esas que cada año traerá,
noviembre cuando ya los chopos
no tengan las aves ni las hojas,
ni adornen las riberas sonoras
del arroyo oculto tras sus ramas.

Se oye llover en el campo.
El  agua amanece por los canalones

y desearías que su rumor
no cesase, llevándose los pálidos
sueños de la noche, regando
las raíces profundas.

Esto apenas sucede, las lluvias son escasas
y no avisan. Arrasan o se llevan
los puentes, las tejeras, y en carreteras
olvidadas quedan los charcos, oscuros, de testigos.

# SOL

Sol plano, inclemente, cegador,
que deslumbra en las batallas,
luz que arrasa y ahuyenta la lluvia
Tarda el sol en apagarse
en dejar las plantas respirar
asuradas tras un verano inacabable.

Los colores arrebatados, resplandor
que no ceja ni en las sombras de la tarde,
anuncio de vientos áridos,
radiante de potencia, avasallante.

De hora en hora, sin descanso,
penetra hasta el fondo de los cuartos,
solapado, intruso, acalorado.

Esperamos unas nubes que lo calmen,
que alivien su bravura destemplada,
ésta que a deshora nos fulmina.

# LA HERRAMIENTA SIEMPRE TIENE RAZÓN

Garajes y cocheras, olor a aceites
y neumáticos, caucho oscuro,
con la luz indispensable y lámparas
bajo capots se afanan
los mecánicos de manos hábiles
y oscuras.

Taciturnos observan
válvulas y bielas, resucitan
los pistones y segmentos, émbolos,
chiclés, carburadores, trastos
desahuciados como el **Vauxhall**
amarillo.

Armados con sus útiles
metálicos, aciertan con la pieza
en los cajones y confirman
que la herramienta es quien siempre
acaba por tener razón.

# MUJERES

*Mujeres como*
*él, pausadas y seguras,*
*con todos los libros*
*leídos*

Julio Cortázar

Todo ha sucedido, ¿qué esperas?
Más de lo mismo y, sin embargo,
pasear entre las encinas, bajo los pinos,
entre matorrales de jaguarzo y jaramago,
bajo las estrellas que alumbraron
a Homero y a Virgilio, cuyos nombres perduran.
No sabes cuánto dura la obra
en estas tablas inseguras del escenario,
pero tiene un final, no tengas duda.

Miras los árboles que plantaste
ha largo tiempo, que vivirán
más que tú, incólumes, enhiestos
cuando tú te curves,
que resisten heladas y sequías,
arraigados en la tierra pobre

32

de esa loma. Hitos son de tu vida,
que marcan silenciosos el calendario.

Sus sombras, que son abrigo de
abejas, sabandijas, mariposas,
en lo poco lo que dejas.

# TUS TRABAJOS Y JORNADAS

*A Carlota*

Tantas veces despedida
en aeropuertos, tu mochila
a la espalda yendo
a remotos países y lugares
 donde el trabajo te esperaba
o los estudios. Tantas veces
lejana y más cercana.

Tú siempre has sido decidida,
dando ejemplo de tesón y de cariño,
no aventurera sino valiente,
dedicada, vas hilvanando tu vida
con amor y con sonrisa.

Tantas veces añorada por la paz suave
que transmites, eterna agradecida,
y agradecido.

# HALCYON

Nombre de constelación te puso
en Rabat tu dueña,— gran glotón,
gruñón y leal—, gatos, palomas
y ratones perseguías.

Amabas tu Loma y las anchas
playas marroquinas,
protegías a la niña en su sueño
y corrías desbocado
por los parques lisboetas.

Siempre en medio, como el jueves,
reclamabas tu lugar en la familia.
Eras lata y felicidad, furor y compañía.
Saludabas a los  amigos y  a los enemigos
presentías. Trepabas por los montes
husmeando, avizor, el misterio de malezas
y de huecos.

Hoy descansas, bajo unas  piedras
y una hiedra, al pie de la alberca

donde tantas albas me seguías.

Nadie nunca así me acompañó
Ni fue tras de mí, aunque en realidad
me adelantabas explorando frondas,
barrancos y taludes, levantando
el pájaro escondido, persiguiendo ardillas
en alturas imposibles.

Aguantaste mi ira y correctivos
con paciencia y lealtad inagotable.

Como nadie.

# PANDEMIA

En silencio, despacio, cuidadosamente,
los músicos recogen sus instrumentos,
aún hay luces, candilejas, en el escenario
ya a oscuras. No hubo nadie para escuchar
las melodías, la armonía de partituras bien
tocadas. Hay miedo y la sonata no ha atraído
al público. Trabajo baldío, les parece.

Pero desde una ventana, una joven
ha escuchado y ha vibrado en la soledad
de ese patio gris entre inmuebles.

Los cinco músicos, cuatro hombres,
una mujer, bajan los escalones
pensativos, dejan desierta la tarima
se pierden en la noche.

Pero desde lo alto de esa ventana
unos ojos agradecidos les despiden.

# DAVID

Enfático en palabras, persuasivo
buen vendedor de seguros,
de piso en piso, con su traje verde y su corbata
que desentonaba, el viajante perfecto
que, en el campo, entre los suyos,
explotaba en palabrones remediados
por su gracia.

Los ojos pícaros, brillantes,
muy azules, gran provinciano.
Decían que de su madre tenía el arte
de contar historias o inventarlas,
otras oídas en las noches junto a la lumbre
en los cortijos sin luz de los cincuenta.

De aquel pueblo huyó, como huyó mi padre.

# CAMPOSANTO

Todas las tumbas tienen menos
de cien años. Un siglo como mucho
dura nuestra memoria de los muertos,
Osarios y fosas van cubriendo
los restos para siempre ya olvidados.

En algún rincón del camposanto,
una cruz oxidada e ilegible,
entre lápidas grises, hipócritas y cursis
que recuerdan afectos fingidos,
inmortales, de deudos, herederos
y viudas liberadas, apellidos de emigrantes
que partieron hacia tierras con promesa
de progreso.

El primero de noviembre, cual relojes,
algunos vuelven a cubrir las tumbas
con floreros.

# VEJEZ

¡Cómo se tuerce la vida tras la alegría
y la pasión!
Cómo, desbordados por la realidad, tiramos
por la borda tantos sueños,
las ilusiones y proyectos de ser felices.
Crueldad de viejas fotos
que plasman en el gris el fulgor
de unos instantes, bodas, banquetes,
besamanos. Aquel nuevo automóvil rutilante.

Décadas después, restos polvorientos
en estantes, hecho el equipaje, y partir
sin despedirse.

Se pierde aquel impulso que renacía
cada año como una carrera de relevos.
El tedio y la desgana triunfan de quimeras,
abaten proyectos y osadas ideas.

El viaje no ha sido largo y sin embargo
estás cansado, estancado, la fementida
sabiduría del viejo es saber sólo
del inútil batallar, que los árboles sólo crecen

como quieren, ni más deprisa ni más verdes
porque los mires o los riegues,
ni llegarán a darte sombra antes de irte.

Crecerán a pesar tuyo, jardinero de secano.
La nada está en ese olivar indiferente,
inmóvil y eterno como memoria,
ajeno a la guerra y a los tiempos,
así la vida de arribista forastero que llevaste.

# II

# ANTES

Yo quisiera cantar la alegría
mas no consigo ni cantar amables
ditirambos a la vida, solo la pertinaz
y constante acedía.

Sin complejos vivir inconsciente quisiera,
sin pensar en deberes ni miserias.
Sólo a veces lo consigo,
como el pámpano que el Sol seca
o el aroma fugaz de la tierra tras la tormenta.

Desbordado el sumidero del pasado
los recuerdos permanecen enganchados
en los patios, en las hiedras y las artesas,
entre grillos, caracoles y los nidos
de los pájaros cantores.

Yo jugaba en el patio de guijarros,
andaluz pavimento bien regado.
Sin padre ni amigos, sólo criadas,
amorosas, rozagantes mozas,

y así pasaba los veranos entre tebeos,
unos coches, los cromos y el latín
sin ningún azar ni contratiempo.

# DESCOLADOS MUEBLES VIEJOS

(*Mano a mano*,
Tango
Celedonio Flores, 1920)

Serví a la polis,
-era muy joven-,
entendía obligatorio
ganar la libertad.

Me signifiqué,
moderadamente,
en aquellos años grises,
de ira y violencia de los "grises",
e indolencia de burgueses.

Vivimos una ilusión
un activo pesimismo,
en tierra ardua,
esquiva y poco grata.

Hasta que nos hicieron saber
los 'nuestros',
que volvían,
que sobrábamos.

Acudían al festín
de ausentes vencedores,

y fuimos licenciados, despedidos,
el servicio a la ciudad
se hizo fútil.
Discretos nos apartamos,
nunca quisimos palmas ni laureles
ni cobramos intereses,
evitando sacristías y capillas,

Hoy somos viejos lastres
y vemos pasar insolentes,
contoneados en eslógans,
a los nuevos sedicentes redentores,
falsos rebeldes,
cuando ya todo es fácil,
y el camino fue allanado.

Rodeados de cámaras y aplausos,
narcisos del consumo,
las redes los recogen y protegen,
falsos acróbatas de un circo
pagado por el Estado,
que malbaratan, descomponen,
creyendo así sacar

a este país -que desprecian-
de la incuria y la miseria
que se inventan
para justificar sus medicinas
y toxinas.

Picos de oro y verborrea
adoctrinan con las cámaras
a este pueblo
que tanto adulan
cuanto ignoran.

# REUNIONES

Ceniceros sucios, rebosantes,
cuartos cerrados, clandestinos,
cubiertos de dialéctica y debates,
los panfletos que ansiosos anunciaban
el fin del régimen odiado.

Volvíamos tarde a nuestras casas
de burgueses en los barrios altos,
detestados, convencidos de salvar el país
que aún llamábamos España.

Teníamos tiempo para perder
en fútiles reuniones, nos daba igual
perder las tardes de un domingo
ni novia ni amante nos esperaban,
pues con pensamientos sesudos
aburríamos a las que hubieran podido
acogernos o admirarnos.

El marxismo, las citas de seguridad,
la vigilancia, el cuidado que poníamos

en el secreto y el sigilo, guardar
el Mundo Obrero que no lo vieran
las curiosas criadas que, alarmadas,
a la señora se chivarían de las locuras
del joven señorito que en el barrio
de Salamanca conspiraba.

# TANTO SABER

Tanto saber, tantas lecturas
daban pábulo a vanas ilusiones.
Soñador te llamaron las mujeres,
tan prácticas, tan planas y tan serias.
Soñador también llamaron a tu padre,
pues tenía ideas diferentes.

En los campos volaba vilanos
que el viento alzó por las esferas.

Mas sin sueños ¿qué es la vida?
Sucesión de escapatorias,
engañar melancolías, trabajos,
caminos, ocio tedioso y repetido.

Sin los sueños la existencia
sería mera subsistencia,
comer, procrear, trabajar.
Sin los sueños no hay amores,
ni tampoco libertad,
no hay deseo, no hay afanes,
todo es vulgar.

¿Qué es la infancia sino sueño?
Esos sueños que el oficio,
las costumbres obligadas,
los van apagando cada día,
hasta que al final pretendemos
volver a los sueños inocentes
de la infancia mas ya es tarde.

Censuran al soñador los que
acomodan su presencia
en este mundo a la orden
de presuntos dirigentes,
quienes los libros repelen
y esconden su zozobra
con más compras y más viajes.

La quimera desolada, nos señala
aquel poeta, Luis Cernuda,
que reclamaba seguir soñando cada día.

Pues cuando ya no sueñes
habrás muerto.

# VELETA

Vela eres, su luz es la tuya
que se alimenta cumpliéndose,
sombras de arrepentimientos,
dos espejos, tus diarios, tus libros
y tus sueños, y el otro, la calle, el mundo
por donde caminas y proclamas dicterios
que nadie pide, esos que se satisfacen
en su endogamia escolástica, vanidosa
al fin y al cabo.

Leer, escribir, pintar, regar, llenar el tiempo.
Pero todo dura poco, unos días solamente
y luego se vuelve a empezar, volviendo
a coser ese remiendo que siempre se descose.

Al acabar, sólo quedarán algunos libros,
muchos sin leer que nadie más leerá.

# LA BROZA

Basurero al que arrojamos
las penas muertas, los tardíos
arrepentimientos, la broza de la vida
montón de cenizas donde el musgo
y las larvas recomponen
el abono de otras vidas.

Paseos que no daremos, montes
no alcanzados, depósitos de sombras
en la sombra, les *feuilles mortes* de Prévert,
que está todo dicho; lo que el tiempo ha olvidado,
fotos marrones de anónimas personas que rebuscan
en los rastros morbosos colectores
de recuerdos ajenos como
esas viejas esquelas que ya nadie lamenta.

Yo sé dónde van a parar los pésames,
las insinceras condolencias y las tarjetas
dobladas por los duelos, los recordatorios
de vírgenes y misas por los caídos.
Yacen en cajones de despachos desertados,

entre páginas de agendas de los años pasados,
junto a fotos de personas desconocidas,
un llavero y las cuentas de un viaje en autobús.
Serán tirados los papeles amarillos,
revendidos los muebles inservibles,
mamotretos desvencijados que nadie quiere.

Sin embargo, quiero creer que algún día
alguien sintió una pérdida,
la muerte precoz del viejo amigo,
o aquella boda que en la capital
de la provincia un buen rato les prestó.

# EL BARCO EBRIO

Ebria la nave rimbaldina, muchos parajes
abordados, llevó mujeres arrojadas
por la borda en las noches de tormenta,
mercancías derrochadas, eran sueños
que al final ninguna bitácora anotó.

Sin naufragar, errando por mares,
dársenas y calas, en puertos hostiles
recalando, hoy descuadernada, sin jarcias,
pide auxilio a gentes favorables
y extranjeras varada entre los sueños
e ilusiones incumplidos.

# NO INTERESA

Qué poco queda por decir,
si es que algo queda.
El misterio, el mar, el infinito,
la codicia, todo fue dicho,
todo pintado y, sin embargo,
te obstinas en cantarlo,
en contar historias no leídas
ni escuchadas. Llueve ya sobre
mojado, si es que llueve,
y no les interesa.

Pero al cabo, la tristeza
de las pálidas tardes tras los montes
ya oscuros, la paz del sembrador
que ves junto al sendero,
merecen todavía que se cuenten,
sólo para ti, para tu archivo,
para que un día abras la vieja maleta
en que se guardan y puedas
evocar los placeres del recuerdo.

# TODO TIEMPO PASADO

La represa del tiempo se ha soltado,
ha cedido. Río abajo van recuerdos
arrastrados. Allí los llantos de la niña,
el abrazo del padre antes de irse.

Allá las tardes soleadas de Rosales,
el primer metro a Progreso y Lavapiés,
los amores primeros, pasajeros.
Allá los vinos a la sombra
de las parras, la luz de los veranos
en antiguos cortijos, las lecturas
en las tardes eternas del estío.
Se terminaban las vacaciones y tenías
los cuadernos repletos de dibujos.

Las aldeas dormían acunadas
por los búhos y ladridos lejanos
en los patios. Tenías que volver
al colegio, a Madrid.

Todo deseo en decepción muere,
en tristeza de ilusiones no cumplidas,

del todo hicimos la nada como
en esas fiestas en que sólo empezabas
a alegrarte cuando llegaba el fin.

Demasiado tarde te unías al juego
y a los bailes Siempre te retrasaste
a la vida y ahora recuerdas el olor
de las parras y las higueras, los huertos
amarillos del otoño
cuando el sol se va poniendo.

Hoy, los árboles oscuros en la noche
son tus únicos guardianes del recuerdo.

# TEDIO Y VERMUT

Tantas veces este tedio te atenaza
que ya ni los poemas distraen tus pensamientos
unos, demasiado evidentes, otros,
tan esenciales que no entiendes.

Entonces recurres al relato poético
de las venturas y extravíos de otros que,
como tú, fueron jóvenes, y supieron
reírse de sus románticos, fútiles, ardores,
recordando sólo un buen bar del barrio
donde el vermut les consolaba o donde
las voces parroquianas se llevaban
los sombríos pensamientos de adolescentes
y no había mujeres tentadoras
ni harpías vengadoras.

# COMO MI PADRE

*y el Sur no me consuela y el Norte no me salva*

Luis Alberto de Cuenca

Yo, como todos, como mi padre,
en París fui feliz y triste,
deslumbrado por los libros, por Le Monde
que al fin podía leer todos los días,
sin trabas, censuras ni quiosqueros
madrileños que los guardaban
para ilustres clientes posteriores.

Feliz por el Sena, por las Artes,
triste por las viejas gruñonas
y no tan viejas que expertas
son en intentar amargarte el día.

En el París del Vert Gallant
las belles Isabelles et Gabrielles,
aquellas chicas que salían
de los Guermantes, altivas y distantes,

baronesas de un instante.
Otras vivían en Montrouge y en Issy.

No fui experto ni galante,
a veces incluso impertinente,
intrépido don juan despreciativo,
pero aprendí al menos que, al principio,
sólo rosas blancas has de ofrecer,
pues las rojas simbolizan la pasión.

Por *les Invalides* aprendí a escuchar
a Lipatti y a Barbara,
a Ferrier y Boris Vian.
Lejos estaba ya Ferré
pensando en sus amigos perdidos,
*"où sont mes amis devenus?,*
*le vent les a ôtés"*.

Me perdía por las calles literarias
en que sólo parecían haber vivido
los poetas que bebían en los bistrots
de vinazos olorosos donde gordas
matronas irónicas les fiaban.

Blanco de nieve el Luxemburgo parecía
el confín de la melancolía

y en los altos de Montparnasse
vertía sus lágrimas quien escribía,
pesimista eterno ante la vida.

Un exilio dorado, improductivo,
allí me hubiera quedado para siempre
con Iphigène en su lindo apeadero
y su repisa con potingues
pero la indecisión y la rutina
me vencieron.

Más ¿quién sabe?
Pude haber sido feliz un breve tiempo,
porque eso nunca depende de las casas,
los parques y las calles
del lugar, sino del ánimo y de la destreza.

# ERRORES Y EXTRAVÍOS

*Érase de un marinero*
*que hizo un jardín junto al mar,*
*estaba el jardín en flor*
*y el marinero se fue*
*por esos mares de Dios.*

Antonio Machado

Cuando llega la hora del suma y resta,
de apreciar valores, y sustraer errores,
piensas lo que no hiciste y mides lo que faltó
y no te salen las cuentas, que la aritmética
de la vida siempre se te resistió,
como te resistieron logaritmos e integrales.

Viste la verdad cuando ya no era tiempo,
como buen español pensaste bien
pero tarde; los caminos sin señales,
los cruces sin letreros, tanto viaje,
tanta mudanza, y tanta andanza,
con tropiezos y extravíos, mientras
hay vida hay esperanza, te decías.

Averías irreparables, como de auto viejo
destinado al chatarrero porque no
hay piezas ni sabio obrero que componga
tanto hierro ni tal yerro.

Siempre llegas a deshora, vacía
ya tu cantimplora para el desierto
que avizoras. Quieto, desde la ventana,
miras los caminos mal trazados,
los engaños e ilusiones malbaratados,
las falsas evasiones de tus áridas prisiones.

# BALANCE

Hemos ido perdiendo y hemos
ido ganando, sin saber hacer
las cuentas ni llevar un libro
de doble entrada.

En la contabilidad de empresa
solíamos apuntar el debe y el haber,
las mejoras necesarias, los errores
a evitar, fuera igual el balance
de las vidas, positivo, negativo, descartable.

Sin los píos y vanos deseos
de septiembre o de diciembre, otro año
acude a la cita y habremos de anotar
alguna deuda.

No distinguimos lo óptimo
de lo pésimo, un sollozo ajeno
en la noche, recordamos y el alba
macilenta nos trae esas ráfagas
de la aurora, de desconsuelo y de tristeza.

Al final, otros, hijos, unos amigos,
sacarán las cuentas, enjugarán deudas
y pagarán las hipotecas.

# RÁFAGAS DE LA AURORA

*Les matins triomphants*

Victor Hugo

Tras el sueño que te llevó años atrás,
—ella era suave y se prestaba al amor—,
hoy despiertas cansado, sin propósito,
el afeitado te despeja un poco la pereza
del día venidero, el vacío que anuncia
la jornada, que esperas vencerla con paseos,
sin destino o lecturas vagarosas,
fugaces, olvidadas.

Poco a poco, las mañanas son más duras,
 el cielo sigue ahí, gris o azul,
con lluvia o sol, no sabes si protector,
pues la desgana va avanzando
y la apatía inunda los restos de tus sueños,
de lo que a nadie ya le importa,
aunque sigues empeñado en encontrar
algún designio a tu existencia.

Excluyes la noche en la penumbra
del alba, los pájaros, callados, aún
esperan las ráfagas tristes de la aurora,
y tú continúas tu cadena de errores,
distracciones y extravíos.

El espejo ha guardado tu reflejo
que un día te devolverá, irreconocible,
confesarás ante él tus inquietudes,
las noches entrecortadas, ya no blancas
sino turbias, cuando todo se aparece
falso, inverosímil.

# EL RETIRO

Era El Retiro un parque extenso
lleno de niños que gozaban y reían,
vendían barquillos y molinillos
de viento, que al correr se agitaban.

Me alquilaban un triciclo
grande, de hierro.
Las aventuras, con Pancho y Luis,
pero yo prefería sus hermanas,
Encarna y la otra, tan morena,
que yo quería llevar
en mi coche rojo de pedales.

# POESÍA DE LA MAÑANA

Por las mañanas, luminosas
o nubladas, es poesía quien te llama,
leerla en  calma y en sosiego
antes del tumulto de la vida diaria,
tan doméstica que arrasa metáforas
y sueños, con recados, paseos
y excursiones.

Es la oración del tiempo que pasa
y se detiene, un instante nada más.
Entre las hojas de los libros, tantas
veces mal leídos, descubres un espejo
a tus sentidos. Allí reencuentras
los amigos, los amores y los sueños
apagados bajo trajines impotentes,
rutinarios.

Al final los poetas siempre hablan
de lo mismo, del tiempo que pasa,
de ilusiones no cumplidas,
como ese barco ebrio que navega

y que al final en una cala perdida
sucumbe bajo la selva del mundo,
varado y tragado entre lianas
por arenas traicioneras

# LECTURAS Y PASEOS

Con veinte años leía a Mallea y a Cortázar.
Llevaba siempre un libro en el bolsillo,
sin noción de los días. Ni la paciencia
ni la espera me abrumaban,
la vida todavía estaba
por delante y sin fronteras.

Largos paseos solitarios
por aquel Madrid maltrecho, yermo,
hoy evocado, sin saber qué esperar
ni qué quería.

Nada era especialmente bello
y, sin embargo, el tiempo era infinito
y deslumbrante. Silbatos lejanos
de los trenes en la noche por Delicias.
Tiempo eterno que era, quizás
—aun yo no lo sabía—,
lo único importante.

# TARDES DEL BARRIO DE SALAMANCA

Desde la ventana, tras los vidrios empañados
—hace frío afuera y la estancia está caliente—
observas cómo pasaron los amores adolescentes,
innecesarios —como todos—, tras los vidrios
empañados por el tiempo.

Ves las calles, los tejados y las aceras,
árboles deshojados, ves la esquina,
el garaje, la frutería y el bar de toda la vida,
veladores de mármol y una radio.

Eran los primeros escarceos, los paseos,
las manos, el libro de poemas
  —siempre pedante—,
tardes de cafeterías silencio
y parsimonia. Tardes lentas y lluviosas
como en Chócala y Carlos III,
junto al cine.

Era el tedio amable,
tranquilo,de un Madrid burgués

y bienpensante. Y nosotros, ingenuos,
con sólo Unamuno y Machado por bagaje.

Aquellas tardes de sábado,
eran largas, había tiempo
por delante para errar
y volver a la primera casilla.
Ahora, tras los cristales, atisbas
otras vidas, ya no hay bar ni frutería ni garaje,
con móviles y deportivas los jóvenes
(podrías ser su abuelo)
se enamoran liberados,y recuerdas aquellas
tardes aburridas, pero dulces,
de los sábados en el Barrio de Salamanca.

# NOSTALGIA DEL FÚTBOL

Del fútbol, la euforia y la victoria
me gustaría tener, entusiasmarme
con amigos en las gradas y en los bares
no pensar en el hastío de las tardes
de domingo.

Después, la ilusión de acertar en las quinielas,
de ganar a espuertas los dineros,
liberado de jefes y oficinas.

Pero nunca supe distinguir
un corner de un penalti,
ni el reglamento del balón de reglamento,
ni los colores de un equipo.

A veces, los domingos por la tarde
lo lamento y recuerdo el sonsonete
de la radio, los goles que aplaudían
los vecinos por el patio.

# SANTOS

Tres santos sólo he visto
en mi larga ya vida descreída,
Carlos, Fátima y Denise,
diferentes, singulares,
poseídos de amor, de trabajo
y de sosiego.

En Francia, Denise desgranaba
pensamientos y recuerdos
y me hacía la mejor *tarte tatin*
que yo recuerdo.

En Madrid, Carlos me perdonaba
y comprendía mis desafueros mientras
cuidaba de los presos y desheredados
de la vida.

En Rabat, Fátima, con su voz cascada,
para el bien de sus hijos trabajando,
hacía mantequilla y cocinaba.

Los tres creían en el dios que yo ignoraba,
pero su levedad, humildad y  bondad
de la fe son los mejores testimonios.

# EL POEMA INSUMISO

Se resiste, lo persigues, lo sientes,
casi lo alcanzas
y se escurre, resbaladizo
como pez en la corriente. Lo pierdes.

Era extraño, casi lo tenías,
desde el amanecer lo ibas percibiendo
en las aguas aún turbias y confusas
del despertar.

Pero lento, indeciso, perezoso,
no lo apresaste cuando estaba cerca,
más quieto entre las piedras
y las algas, movedizas,
casi a tu alcance.

Ahora ni recuerdas en qué instante,
con qué luz entre las ondas rápidas
lo atisbaste. Y lo has perdido.

Al fin y al cabo quizás fuera
un pez normal, vulgar, sin interés,
uno de tantos.

# MARTÍNEZ SARRIÓN
## O LA SOLEDAD DEL ESCRITOR

"La gran soledad del escritor",
me confesó, agradecido, tras sus gruesos
lentes que centraban sus ojos azules de miope.
Fumador empedernido
–"este es el cigarrillo fumado sobre las ocho,
el cigarrillo treinta", escribe.

Atento estaba a los poetas noveles,
a Lee Masters y a Riechmann admiraba
y a otros muchos que alumbraban sus estantes.

Volvía a Baroja y a sus escritos.
Así ha sido tu vida desde tu infancia
y corrupciones.

# INVERNADERO

*Todo es verdad porque alguien lo ha soñado*

Leopoldo Panero

Ya no faltan episodios de esa historia
que no comenzó, solo atisbó.
El tiempo, abolido,
la edad, distante,
esas calles por las que iban
desapareciendo del recuerdo,
aquellos instantes, salidas
de los trabajos y los días,
encuentros fugaces
...
Pero queda la marca
de la tinta en el papel,
el color de una acuarela,
los momentos de confianza
cuando nos contábamos trozos
de nuestras vidas y esa sensación
de lo que hubiera podido ser,
que reaparece en sueños extraños

y algo tristes.
No fue una ocasión perdida,
porque perdida estaba de antemano.

Desde el mar, tu mar, "mi gran ilusión — dices
—es tener un invernáculo
y ver crecer y cuidar mis plantas raras
cerca del mar acariciando mi gato en el jardín".
Será el jardín o el huerto de la sabiduría,
donde el tiempo ya no importa
y la renuncia es clarividencia,
es inteligencia sin amor,
sin ese *bacio amore*
que un día me enviaste por el aire,
es la percepción del sentido de los años
que reverdecen en mis sueños
sin saber cuál será la puerta del jardín
cuya llave me darás.

# MI BUENOS AIRES QUERIDO

Una noche de invierno, en la chimenea
quemé sus cartas azules que me hablaban
del triste y bello Buenos Aires
de aquellos años ominosos,
las letras de Serrat, un adagio de Paganini.
Remedios contra el miedo y la soledad
del barrio lejano.

Aquel epistolario austral era
la historia que me acompañaba
en la avenida desierta de Madrid.

Hoy serían el recuerdo de una vida,
de aquel encuentro con Elisa
en un autobús de línea
por La Mancha, una de esas vidas
que apenas vivimos
sin consecuencia y desencuentros.

# LAS ESTACIONES Y LAS ESTACIONES

Las estaciones de las despedidas
No de llegadas no sé por qué,
pero así siempre las recuerdo.

Son andenes grises
y oscuros en la tarde parisina,
vapor de los motores, resoplido
entre los ejes, equipajes y maletas
con los sueños traspasados.

Tú miras desde lejos ojos serios
mi vagón que se aleja inexorable
tras aquella tarde invernal
de paseo sin fin con que pretendimos
engañar al tiempo irremediable.

La terraza donde bebimos,
entre los libros y tus manos,
nuestro último champagne
que no era el sorbo de una vieja
canción de los setenta
sino la fría copa del adiós.

Dudaba en retornar a mi ciudad,
nacional pero extraña,
para siempre alienada y
sin  encanto.
Mientras tú, sí extranjera
eras más cercana, y con romance.

Pero, si los pintores corregir sus telas
pueden en *pentimentos* que dejan
vislumbrar sus propósitos primeros,
no quisimos nosotros desviar los rieles,
ni alzar barreras,ni atrasar el alto reloj
de la estación que, severo y lejano,
nos advertía que con él y con el tiempo
no se juega.

No pudimos cambiar las decisiones
esas que pensábamos *incoherentes*.
Y lo eran, tal vez, como dijiste,
sabia y sensata...,
tan sensata.

Han pasado las estaciones,
pasé por Poitiers y por Burdeos,
por diez inviernos, y veranos,

y hoy todo lo veo desde lejos.
Aquella antigua estación ya no existe
—ya me dirás si me equivoco—
Y la esfera del reloj, parado,
no me contempla.

# ANDENES

Fue nuestra historia una sucesión
de andenes y de trenes;
se agitaban al viento las despedidas.

Recuerdo más los verdes vagones
que la húmeda tristeza de aquellas
noches en estaciones europeas
desoladas, grises,
tras las vidrieras de turbia luz.

Pudo haber sido otra la historia
pero no merece la pena imaginarlo
pues dijiste de pronto que no tenía
sentido y el retraso del tren irremediable.

Así fue, tenías razón, las mujeres
son más sabias que los ilusos soñadores.
Ni los paseos de la tarde, ni aquel deseo
no cumplido de un simple beso,
sólo calles de la ciudad indiferente,
hostil y oscura, rue d'Alésia
o el bulevar de la Porte d'Orléans.

Prudentes, timoratos, nunca osamos.
Pero fue mejor, que así no quedan
resquemores. Sólo el sueño dulce
entre los árboles de Montsouris,
junto al estanque.

# MIRACLE

*Miro milagros*
*y admito que toda la vida*
*es su deuda.*

Ida Vitale

Insólita sirena desvestida
en la tarde deslumbrante de
aquella antigua playa de Levante,
me entregaste tus labios
y las fresas de tus senos
sin para ello cambiar ni tu semblante,
tu sabor salado y tu saliva,
en mis sueños permanecen.

Yo creía que tu amor tan insolente,
tan primario, duraría,
más que duró aquel agraciado
verano, de amarillo y rojo tu bañador
y tus vestidos.

Hubiera debido seguirte
y dejar mi familia puritana
y bienpensante.

Ibamos a cines de verano, pretexto de beso
y frenesí sobre tu escote.
(Más osado hubiera sido).

Hoy me pregunto por qué no nos fuimos.

Te dejabas  besar, indiferente,
en las siestas del pueblo silenciosa,
boca agraz, marfil perfecto, raza
antigua de mujer, te seguía
por zaguanes y pasillos. Tu risa
condescendiente me invitaba
a abrazarte, y a despertarme.
a tu lado.

# CALLE MANCEBOS

Mayor que yo, sólo ocho años, su buhardilla
era albergue deseado
en las tardes macilentas del invierno,
de desayunos de té —"lo tomas a
la inglesa"—,y conversaciones.

Hasta que poco a poco fue inventando
excusas, el marido, los hijos, el trabajo,
poco a poco tampoco respondía
a mis llamadas aplazando citas hurtadas
y furtivas.

Piel mate y ojos zarcos
de clara inteligencia
y su cultura, contaba historias
cautivantes, como ella,
el sabor de su lengua
no sólo en amor sino en sus frases,
sus relatos, complicidad doblemente
clandestina, eran tiempos de torvos policías
que registraban los pisos y las almas.

Sabia de coches y de sueños, el Horch
que poseía su familia, de cine y libros.
No me hubiera aburrido, ni ella conmigo,
pero la distancia era más que muchos años.

# RESIDUOS

El tiempo de seducir pasó hace rato,
ella te dijo que era incoherente
(lo que en geología es también llamado
deleznable o mineral desmoronado).
Ni cuerpo ni ilusión acompañan ese sueño
recurrente que ya dura.

Mírate al espejo al acostarte
y piensa en el ridículo
de subir al escenario
a estas alturas del partido.
No te hagas viejo pero tampoco
cultives ni alimentes narcisismos;
paseos y lecturas serán
tu postrero argumento.

No te envanezcas ni creas
que seduces, sólo te queda
un cierto saber de las palabras,
actividad elegante, revenida
como pan rancio,

algo ya patética y vetusta.
Quizás consigues retener una mirada,
que advierte tu presencia unos instantes,
pero ellas van a la fiesta,
que no acaba.

Toda posible seducción está abolida
por los años y ni siquiera
tu prosapia ya manida, que bordea
tu petulancia, ni tu pluma, colman
el vacío de tu figura.

Sigue buscando esos libros
que nunca leerás, eso es lo tuyo,
sigue tu rumbo errabundo.

No hables más, pues ya reiteras
cuatro frases con que pretendes insistir
en las mismas ideas consabidas.

*Lisboa, septiembre 2022*

*Esta edición de*
*"ACTA EST FABULA"*

*de* Jaime-Axel Ruiz Baudrihaye,

*se terminó de imprimir en Madrid,*
*en marzo del año MMXXIV*